WORD SEARCH PUZZLES

FEMINISM & SOCIAL JUSTICE

Alora Brown

EDWARD SEARCHER

RABooks@outlook.com
Independently Published

Contents

FEMINIST TOPICS
1. FEMINIST WORDS
2. WOMEN'S RIGHTS
3. FIRST WAVE FEMINISM
4. SECOND WAVE FEMINISM
5. THIRD WAVE FEMINISM
6. FOURTH WAVE & BEYOND
7. FEMINIST CAREERS
8. IMPORTANT VOCABULARY 1
9. IMPORTANT VOCABULARY 2
10. OPPRESSORS
11. FORMS OF OPPRESSION
12. TOOLS OF THE OPPRESSOR
13. FEMINIST CAMPAIGNS
14. POWERFUL WORDS 1
15. POWERFUL WORDS 2
16. POWERFUL WORDS 3
17. POWERFUL WORDS 4
18. POWERFUL WORDS 5
19. WOMEN'S RIGHTS ACTIVISTS 1
20. WOMEN'S RIGHTS ACTIVISTS 2
21. WOMEN'S RIGHTS ACTIVISTS 3
22. INSPIRATIONAL WOMEN 1
23. INSPIRATIONAL WOMEN 2
24. INSPIRATIONAL WOMEN 3
25. FEMINIST LITERATURE 1
26. FEMINIST LITERATURE 2

LGBTQ+ Topics
27. LGBTQ+ Initialisms
28. LGBTQ+ Words
29. Countries With Same-Sex Marriage 1
30. Countries With Same-Sex Marriage 2
31. Countries With Same-Sex Marriage 3
32. LGBTQ+ Activists & Icons 1
33. LGBTQ+ Activists & Icons 2
34. LGBTQ+ Activists & Icons 3
35. LGBTQ+ Activists & Icons 4
36. Gender Pronouns

Black History Topics
37. Black History Words 1
38. Black History Words 2
39. Political & Civil Rights Activists 1
40. Political & Civil Rights Activists 2
41. African-American Literature
42. Inspirational People & Icons 1
43. Inspirational People & Icons 2
44. Inspirational People & Icons 3

Other Relevant Topics
45. Social Justice Issues
46. Environment 1
47. Environment 2
48. Veganism
49. Refugee Crisis
50. Marginalized Groups
51. Allies
52. Solutions 1
53. Solutions 2

FEMINIST WORDS

U T O Q F W V A K V E Y Y T Q
G R F A I R N E S S T Y Z W X
X T E N N U E E B G M G M D F
L L M M S K D K J F I O E N P
I F I B P Q D U M A D I Q X W
V V N D I V E R S E C K U R R
Z E I J R D X U E T H E A U M
H Q S O A Q E R Q O K D L S O
F P T D T O F O X M A G I V V
H O P Q I H T S L R R N T F E
E E S W O M E N O O I L Y U M
L J N W N M S G H M G L S X E
V O C C A R I R E Y H Y M S N
P D Z W L W Y F L K T G K R T
D J D N Z I N C L U S I V E E

FEMINIST   MOVEMENT   INSPIRATIONAL

FEMINISM   FREEDOM   IDEOLOGY

WOMEN   FAIRNESS   INCLUSIVE

RIGHTS   EQUALITY   DIVERSE

Women's Rights

```
U D M X K U X M S U O S I E Z
L J W T C H O I C E C I L H B
P K S H O X I Q Y M W R F E L
P E N N E S U A Y B E C A K
H D Q T T N Y V K P J B M L W
M U R U R I G H T T O V O T E
M C A E A B O R T I O N V H Q
B A V B C L W R Y N W E V U
I T O J E N W L D R O G M P A
X I P O P D A A S O R Y E L L
C O W J T S A V G P T S N R I
Q N Y C I A H L L E E T T W T
R P H A O B Y Y F R I E F C Y
P K P X N V K A L T O C C D E
U M W R X M S A N Y Z D L H W
```

RIGHTTOVOTE   SAFETY   HEALTH

ABORTION   PROPERTY   EQUALITY

CHOICE   CONTRACEPTION   SPEECH

EQUALWAGE   EDUCATION   MOVEMENT

FIRST WAVE FEMINISM

```
I F W W Z U S I U J S P J Y V
Q I I A L W Q X L U R Y N O O
E N F R A N C H I S E M E N T
Z Y I H S D I F B D M U V P E
M G H C D T N Z E S V N D X Z
V A I W A V E M R I G H T S L
P P Z M V H Q Z A V K A Q U D
O D O D B V U F T W O O T F V
Y F O U N D A T I O N C Z F L
C Z M H V T L S O R X F V R D
R Y I G T Y I C N L S Y A A I
W U E D X X T V U D B J V G W
X W X T V K I W G J H Y E E G
G I N D E P E N D E N C E H A
W V K B K T S D S C R V V B K
```

FIRST	LIBERATION	FOUNDATION
WAVE	ENFRANCHISEMENT	VOTE
SUFFRAGE	INEQUALITIES	WORLD
RIGHTS	INDEPENDENCE	WAR

Second Wave Feminism

C F D S E X P O S I T I V E D
K D X T Y A X C C H Q N K T Y
C G G R N A S H E L T E R S G
R O S V Q E Z I S R I G H S X
H B N C W S M L V I M I R V N
E D E T O K M D O R W R O F X
L Q D S R I G C O P A Z A H G
T A U J K A U A M M V M B X D
N F C A P S C R L R E T O J A
Z D A A L P F E C A R S R O S
N Z T V A I I U P L W W T V B
G O I Q C M T S R T Y S I I P
K D O M E V O Y E C I S O I C
D O N J B D C M S E C O N D Q
H M Q O J C I W Q N U J N N K

SECOND   DOMESTIC   SHELTERS

WAVE   SEXPOSITIVE   ABORTION

EQUALITY   CONTRACEPTION   CHILDCARE

LAWS   WORKPLACE   EDUCATION

THIRD WAVE FEMINISM

```
L A G K G S J Q Z J X G A Z N
V T X D M T J W V G O J Z E V
W B I T Q R T V Y P V Z J L H
M L Q V C U I W Y Y M I A A T
Z E P U S C A O H E V I D I P
N J F S W T E M B E C C B K K
Q T G Q G U W E K O T H Z Q O
G D W J T R A N S G E N D E R
V R F U M E J O D B H S D F B
H G W S R S Y F U E E Z T R X
Y T P T H O T C Q M R T H G M
X T H I R D P O A E H P L W O
M A U C C M K L W A G E G A P
I S U E C O N O M I C B Z V X
B Z H N Q N P R T T Z N T E I
```

THIRD
WAVE
POWER
STRUCTURES
TRANSGENDER

SOCIAL
JUSTICE
WOMENOFCOLOR
WAGEGAP
ECONOMIC

Fourth Wave & Beyond

```
H R C S O D E P L A T F O R M
L M D O F O U R T H W A V E H
Q M C A P P Z E X O U Q G G M
X W O N L I N E I J D Q M G F
Y W Y V B R P R E S S U R E F
T I N T E R N A T I O N A L B
A C R T L W T J B B C O M L T
C A N K Q V S D D A I Y V J H
D I D B R H A S H T A G S U Y
R U T O Q E P B A D L Y H B B
A U L Y V W N F G N M Q Y A E
W B O C P G K H Q U E Q A M V
V E C O N O M I C P D U P E W
Z I N T E R S E C T I O N A L
U N I T Y X U P W H A H D P S
```

FOURTHWAVE	INTERNATIONAL	UNITY
ONLINE	INTERSECTIONAL	BOYCOTT
INTERNET	SOCIALMEDIA	ECONOMIC
HASHTAGS	DEPLATFORM	PRESSURE

Feminist Careers

```
T O S H A A O J M C Y Z F E J
E A I T N W M J N Y Y P S C C
Y Y A G S S B M E N T O R C C
U A L H Q U G D X I O L H Y A
P C T H E R A P I S T I T F J
O H E F E G R J A B H T L H N
D P R O F E S S O R Y I S N C
G C F H Y O I F F F T C F Q Q
J L E W B N I E V W W I D U X
X L A Z D W J S Z Z R A S Q B
F L R Y J A N Y T H I N G T M
X D I B Z O T D O C T O R R W
G E N T R E P R E N E U R F E
Y C V K H J E T I E R J W M G
R A I F M D Z S Y S U T X J S
```

LAWYER	MENTOR	THERAPIST
DOCTOR	WRITER	CEO
POLITICIAN	SURGEON	ARTIST
PROFESSOR	ENTREPRENEUR	ANYTHING

IMPORTANT VOCABULARY 1

```
S O H E R S T O R Y B G Y I H
F W E C V B H F Z O U L H B J
M W T Z D Q O H R K W T S D M
E O E S J X U D P Q N Q A X M
M M R L O U W K Y E N E F N R
A A O U E Y S C S S R H H X G
T N N T T R A N S P H O B I A
K I O S L Y O G S R X A K M S
J S R H P C Y N M I J L M J L
X M M A E L A N V V N O P E I
P Q A M L M A U A I K S U U G
B C T E P W W I G L F Y F R H
J K I A P T D G N E Q G U E T
H U V T H M I S O G Y N O I R
E U E A E G M S R E O W J T O
```

GASLIGHT   PRIVILEGE   TRANSPHOBIA

MISOGYNOIR   SLUTSHAME   MANSPREAD

MANSPLAIN   BODYSHAME   WOMANISM

CONSENT   HETERONORMATIVE   HERSTORY

Important Vocabulary 2

```
G E N D E R R O L E S X A L K
Y F E T I S H I Z A T I O N V
H N F Z K A X T R A L J J T F
S B K L P T S U L D R P D F U
P V X R B R O P R I A T I O N
L O U F E D O X O X A L Y Y Y
E R B T S S N W P R A V R E B
O B J E C T I F I C A T I O N
V J O K H S Y S C E O O X V Y
Z O M M N P I V T G N Z A O J
M H E S S E N T I A L I S M S
F X P J S J U B B I N A R Y A
G E N D E R F L U I D C M Q H
M P E R F O R M A T I V E W T
Q T E X O T I C I Z A T I O N
```

ESSENTIALISM   EXOTICIZATION   RESISTANCE

GENDERROLES   FETISHIZATION   BIGOTRY

GENDERFLUID   PERFORMATIVE   DIASPORA

BROPRIATION   OBJECTIFICATION   BINARY

Oppressors

```
X  C  P  B  I  L  L  I  O  N  A  I  R  E  S
O  U  I  U  U  H  D  U  I  E  N  H  U  N  O
X  R  F  G  P  G  O  O  H  T  C  M  Q  N  U
G  S  M  I  S  O  G  Y  N  I  S  T  S  X  Q
Z  X  T  W  O  B  P  E  R  I  A  N  U  A  Y
M  E  Y  K  N  N  M  P  L  P  T  H  P  U  U
D  N  I  V  A  N  Z  A  N  R  G  Z  R  B  L
W  O  R  E  R  U  T  X  Z  S  N  H  E  R  R
F  P  Q  E  T  I  P  E  K  U  C  Y  M  F  N
K  H  V  D  P  W  V  N  L  A  N  B  A  C  I
H  O  B  A  W  P  A  T  R  I  A  R  C  H  Y
G  B  C  B  C  B  A  L  T  M  E  D  I  A  S
I  E  T  R  P  F  Z  C  D  Y  R  C  S  L  U
T  S  P  H  T  O  A  R  A  C  I  S  T  S  T
V  I  I  H  O  M  O  P  H  O  B  E  S  W  M
```

PATRIARCHY	GOVERNMENT	HOMOPHOBES
BILLIONAIRES	MISOGYNISTS	XENOPHOBES
CAPITALISM	SUPREMACISTS	ALTMEDIA
RICH	RACISTS	BANKS

FORMS OF OPPRESSION

```
F  T  R  A  N  S  P  H  O  B  I  A  Z  N  K
H  A  D  P  L  P  J  R  Q  H  H  I  O  O  O
D  A  L  U  Q  V  O  C  I  P  L  I  V  B  M
Q  U  B  N  H  K  G  E  B  V  T  T  E  L  Z
I  C  S  L  N  R  F  N  C  U  I  O  W  M  E
D  R  L  E  E  E  C  O  C  O  R  L  Q  X  U
V  E  E  C  X  I  C  E  U  U  N  W  E  A  J
C  L  A  S  S  I  S  M  W  B  H  O  V  G  K
S  I  L  M  N  R  S  M  I  W  W  B  M  E  E
X  G  Z  O  E  H  O  M  O  P  H  O  B  I  A
I  I  M  P  J  I  F  W  O  K  V  J  Q  S  C
U  O  F  Z  S  W  I  E  R  A  C  I  S  M  S
U  U  F  J  T  T  T  P  B  J  U  A  T  Y  F
N  S  I  N  S  T  I  T  U  T  I  O  N  A  L
U  I  K  N  D  A  N  W  Z  A  B  Q  G  O  P
```

SEXISM	ABLEISM	INSTITUTIONAL
RACISM	AGEISM	ECONOMIC
TRANSPHOBIA	CLASSISM	RELIGIOUS
HOMOPHOBIA	PRIVILEGE	PERSECUTION

Tools of the Oppressor

```
R Y G Z R M R S R P X D N I W
D Z K G C A D D I B E K V C E
W B Y X Q E H D D L F X F M C
V L T P N J P E I M E V I I R
J O H B V R P C C U V N E S O
I U V O L U M E U N Y G C R X
D P X C F D G I L O J L I E S
F A B R I C A T E O O U U P J
H V F S K P E C P J P P D R J
Y H C Y B O R V D S I G L E P
E K B M D E N I A L L D B S Z
B U G N O P V O Q S I U A E H
Y V F C U Z L L M Z I R C N A
B J P N B Z O C X L N O D T I
D D I S T R A C T I O N N A P
```

DOUBT	DISTRACTION	LIES
DENIAL	SILENCE	COERCE
VOLUME	FABRICATE	DECEIT
RIDICULE	MISREPRESENT	EVASION

FEMINIST CAMPAIGNS

X K D Y E S A L L W O M E N W
S M S P V J Z T I O B U O M I
P N Z I B D R S L U T W A L K
G G I R L G A Z E U I N F C Z
B I T U V E X G S C M T D S G
O I J G N T E U Q V E W X P J
A E L R M A R C H E S F J B S
J X L O E S M X X L U I T R F
W W P U T P J E R X P O T I B
I I G M O W G I N U X C H N L
N T A W O Q G X V O N W H G L
X P Z B Z R O L U O S C L B I
K A R Y U S L C Z F M U I A C
P Y Y O M B B W T W L Q M C U
F R E E T H E N I P P L E K G

METOO   SLUTWALK

YESALLWOMEN   MARCHES

GIRLGAZE   NIUNAMENOS

FREETHENIPPLE   BRINGBACK

TIMESUP   OURGIRLS

Powerful Words 1

```
J N H W B J C T T E C S U G K
J I T U Z E L V Z Q O Y N M N
I N F L U E N T I A L I D V Y
Z S N L C O P C S C G E E S H
Y P M J O I A N T A U M R O W
X I T U A U M T R S Y P E J J
N R O D T F S U O A E O S U G
Q A B S G Z O L N L H W T N K
S T Z Z B C G T G K I E I C W
J I E U N I Q U E J X R M K X
P O W E R F U L F V C I A H M
Q N U P I M P O R T A N T G R
B A U U A I L L Y R O G E P C
N L L I S A C C E P T E D B X
W M S U V C G P E F X B F J V
```

STRONG   ENCOURAGING

ACCEPTED   UNDERESTIMATED

IMPORTANT   INFLUENTIAL

POWERFUL   EMPOWERING

INSPIRATIONAL   UNIQUE

Powerful Words 2

R T F C Q G D T U V U S G U V
H E Z O F V T C F W B D I P I
O C S M L T G O Z Y J S N L C
N X R P H M E U X A J W C I A
I E Y A E X M R F D C Y R F R
J T V S F C M A K R O V E T I
J N V S W L T G A D T Y D I N
P R T I Q W D E S E R V I N G
F N F O U E O O D D P F B G Y
O C W N A A M U Z I R R L F W
U Q C A Q V I S A C L T E X E
O P L T I H N B R A V E N N H
A R G E B J A W V T K Y W K B
B H K U Z Z N U O E S E J L R
A K Y Q O S T N L D K Q N Q S

UPLIFTING DEDICATED
COURAGEOUS CARING
BRAVE DOMINANT
INCREDIBLE RESPECTED
COMPASSIONATE DESERVING

Powerful Words 3

```
H X B V Z D A G B R G O N I R
W X E S A I J M U G J B O O N
P X A S K S T N A A W F R J U
V B U E E C B L Y Z U B F B U
A I T A K I J C V Y I U T I I
K F I T J P R O F O U N D I H
N A F A N L L M E O X S G F I
Q C U L H I Q Q T L K T W Y B
S D L E U N F A B U L O U S Q
U K T N P E L N R U W P U Y X
G P T T F D N W F K V P C T A
N H D E R P X T Z N J A F U W
X R C D E L Y M S R V B F M S
S E X C E P T I O N A L N V Q
Z S R X B X U W L M W E Q R H
```

UNSTOPPABLE   FREE
FABULOUS   AMAZING
TALENTED   PROFOUND
DISCIPLINED   AFFLUENT
BEAUTIFUL   EXCEPTIONAL

Powerful Words 4

```
A S T O U N D I N G A O W J C
O T O P P E R S I S T E N T Q
L M W T N Q E Z N R J X E H Z
E O L I P J A K T L K W V T U
R M F M N M M C E J N P N M Y
I E V I W V F O L B F O V F B
A N G S D P U Y L N Z R D W D
S T V T W R L E I I C N P E Z
K O W I S E P T G N G Q T T N
V U K C N F I Z E O T I R Z K
X S E W O C Y K N P M F Y F Q
G Y S Z V V I L T I G T X Y F
A D H Y O T I B L X N I S P K
D W R J X B R N L N W O L N J
D S H K G S U C C E S S F U L
```

DREAMFUL	MOMENTOUS
OPTIMISTIC	PERSISTENT
SUCCESSFUL	ASTOUNDING
UNLIMITED	INVINCIBLE
WISE	INTELLIGENT

Powerful Words 5

```
P Z V V B I O Q D G J H Z T L
O V B R E A T H T A K I N G X
F I L A G J H C O T N A O Q I
A B V T U O C S S I I G E L P
M R E M A R K A B L E W Y W N
F A U R Z T F I E O R H X H B
O N U X H D L R P V C M K I V
B T F X E F F I C I E N T E V
V L T U F L P X T N Z I W R A
B N I M E X U N V G K G S K N
H J K S I D E D I C A T E D J
D X Y M S H C P K M X N R R E
O L B Q T F C K B A M N A U Q
L K H U S T U N N I N G M L V
H N A W L X E L Y M D Z A H D
```

REMARKABLE   STUNNING

BLISSFUL   BREATHTAKING

AUTHENTIC   LOVING

SELFRELIANT   DEDICATED

VIBRANT   EFFICIENT

Women's Rights Activists 1

```
W P U E Z M O G Z C Q Z S C X
A R O S E D C S R Y S F T W C
G H O F N U X N F N F U B G E
A U N O Z I Q R L C T Z H E D
N E J B S H W G H B M M A U D
H S C H N E I D E R M A N S L
M A U P R F V C W O R R E F G
L N G S L V E E M N M G T W K
B G S J A V T T L K X A S O T
B E L E A N O R S T P R E O F
W R T K M A R Y M C L E O D N
X L P H L I Y D P B L T L P C
P Y U Y U B U G W M I L Q A Y
K E N B A N T H O N Y V B R F
Y T Z Q B D E Y J K R D S K Y
```

SUSAN BANTHONY

MAUD WOODPARK

ROSE SCHNEIDERMAN

MARYMCLEOD BETHUNE

ELEANOR ROOSEVELT

MARGARET SANGER

WOMEN'S RIGHTS ACTIVISTS 2

F A N O Q F X U O T F K G D V
U B J J L A Y R V J R L X J O
N P Y O U S A F Z A I U K D D
Y A K B C Q I F P X E T T L K
F N T F R J E B V D D S C H T
T K C Y E W O P F K A T E C R
M H R L T L W C F L N N V T M
H U M G I Q P G S O I E N S G
L R A E A Q Y R H L M R A Z R
Q S O J O U R N E R T L X O I
T T M B V J H M P Y A Q M G V
I G H A A O M Z P L G G K H F
D N Z D U E O U A Q T J B H N
B C R I Y N T M R K R K C I F
K Y Q B E T T Y D C U R I X L

KATE   SHEPPARD

MALALA   YOUSAFZAI

BETTY   FRIEDAN

EMMELINE   PANKHURST

LUCRETIA   MOTT

SOJOURNER   TRUTH

WOMEN'S RIGHTS ACTIVISTS 3

```
G Q M N C I Q J N E D L S E P
R H I F J D E J U C W E H A J
B Y U O B Z M B F I Y L C Q W
M R U Y S D E L M C G B H S L
F D I J D D E Q P A U L D C P
W O L L S T O N E C R A F T F
G C X L R B S X P F K Y J H F
W N S H H A S U Q Z E Q C Z N
S W N U R I N X B N R P A O V
V A T D Y B X H R Y V C X K P
S H A A R A W I D S U P C F F
T R M O L L Y T D E W S O N B
U I U Z B I S Z D A Z V Y L R
A B G A Y C S O K C I Y V W A
X J P B W E L L S B J A X G P
```

IDA   BWELLS

ALICE   PAUL

MOLLY   DEWSON

MARY   WOLLSTONECRAFT

HUDA   SHAARAWI

INSPIRATIONAL WOMEN 1

```
N  B  Q  O  S  K  V  P  I  F  X  N  D  J  B
O  C  U  Q  U  D  P  B  A  R  E  T  H  A  N
M  G  E  O  T  E  R  E  S  A  U  J  P  A  I
U  P  E  Y  A  V  U  G  I  N  S  B  U  R  G
R  P  N  A  Y  V  T  S  Z  K  Y  P  E  Q  H
Y  J  P  M  R  D  H  U  F  L  X  P  S  Z  T
L  N  T  E  H  H  B  N  U  I  I  U  U  U  I
S  Z  F  L  M  I  A  S  M  N  L  Q  G  Y  N
U  E  L  I  A  W  D  R  O  W  H  F  E  F  G
U  V  O  A  X  A  E  F  T  B  J  D  W  Q  A
I  X  R  R  D  U  R  K  H  X  Z  W  H  L  L
I  P  E  L  I  Z  A  B  E  T  H  I  I  Q  E
Q  Y  N  U  L  R  W  Z  R  H  P  C  Z  Z  X
R  T  C  K  Y  O  P  Z  Y  A  C  B  F  L  Y
I  I  E  X  U  M  F  H  J  H  G  Y  M  Z  R
```

AMELIA   EARHART

QUEEN   ELIZABETHII

MOTHER   TERESA

FLORENCE   NIGHTINGALE

RUTHBADER   GINSBURG

ARETHA   FRANKLIN

Inspirational Women 2

```
R U E W D G Y V W R K R F W J
W T O J S N K V V G H G O Y S
T F H G G T P V O J Z E S C E
N H H B A S K H P K A H L O O
O Y E W S H E Z M A R I E E I
Q X R P Z C L D M T D K Z D N
U A F F B J L C A H K G I N E
F W R D E U E Q U A J J N M Q
M X L I S A R A B R E R B P N
O J J O W A N N E I I H A R V
M R V I Y F Z P V N T E A L Q
D O H T B R R L E E H K F H J
N E G E P A U I H U N G L Z R
L T M J H N C B D F K Q P Y J
A B Q N O K X V K A M Z N O D
```

ANNE FRANK

HELEN KELLER

KATHARINE HEPBURN

HARPER LEE

FRIDA KAHLO

MARIE CURIE

Inspirational Women 3

```
G P F T G O F C X D R A O C W
A D E I N B B A Y A P P G B Y
R O H S N P R I N C E S S E B
G C V C Y N H U E F Q S A N Y
T Z A N V C Z I E O G T Q A Z
Y E F P J H B B L P Y I B Z K
Z G W V H H P R N O Y Q B I M
V P O W S W C L E O P A T R A
D I A N A B M Z P N Q A Y Q M
H L C Y W U E B Y S L K T D O
B H U T T O S L S I S Y L O N
B H L F O P I T N W R M F X R
C G P L J R Q U E E N P Y F O
A W Q U A I I J A N E X Y P E
C M V M N Z X A P K R E K J C
```

JANE AUSTEN

PRINCESS DIANA

MARILYN MONROE

QUEEN VICTORIA

BENAZIR BHUTTO

CLEOPATRA PHILOPATOR

Feminist Literature 1

```
S K Q U D U F B C G P L A P M
R T E J O C H A M B E R E V X
C N B A A M W O M E N L W X N
J M Y S T I Q U E L N N M P C
G C R D L U N T E L V Y X Z V
Q L J X N N G S C J U F O F R
K S Y R C Y F I D A C D L E M
R L H Z X E C D P R O L A M G
B A P Z Y T H E I U A M X I D
M B S I S T E R C P R M S N Z
S W T C O L O R N A W P F I B
F H F P T D A F J L W R L N M
Y G V T C Q N J F K F K K E M
C V I P H T B D K Y S B V W U
B L O O D Y C G S R S V G A L
```

THE   BELLJAR
FEMININE   MYSTIQUE
SISTER   OUTSIDER
LITTLE   WOMEN
BLOODY   CHAMBER
COLOR   PURPLE

Feminist Literature 2

```
V N U X W F E V U E A C Q R M
B G M S H A N D M A I D S P D
L O O I N I F X U U F E S Q E
W O N L X M E B L X V G P P W
J Z O Y D K M V W M F J W S M
A M L Z B E I K Z Q B O V F B
T A O Z H U N B O S S E D R H
F Y G T Q N I Y Y V E E K J H
G K U V Z B S W L L C P X L V
K G E Y N O T H O U O B X R V
X F S N B U V A G I N A R T T
J N B G A G P I L V D D D Z F
F H O K V H N O T E B O O K V
W Y A F I T K D Y S O K A W U
I C S C B K P K R P S E O O R
```

GOLDEN NOTEBOOK

VAGINA MONOLOGUES

SECOND SEX

HANDMAIDS TALE

UNBOUGHT UNBOSSED

BAD FEMINIST

LGBTQ+ Initialisms

```
D F H Z H P T O U A L L Y Q P
G A Y Y P Z Z A T R T T P N G
V S M F Y L C Q X O V F L Z B
A E A S G Y X N S M X L E V P
N X R P Y A A Q A A P X J V T
Q U E S T I O N I N G I D R Y
W A V K B M B I N T E R S E X
Q L X S Y Z I B M I V R U I J
H Q E S J J S Y K C B Z U O L
J L U E R F E Y X U F U B Q U
I L G E Z P X S P W N V I U P
P Z N B E K U Z F G W X B V B
G T H U T R A N S G E N D E R
C O A M A Q L G T N A K I S L
C H T D P P S R O Y O Z X E O
```

LGBTQ	BISEXUAL	INTERSEX
PLUS	TRANSGENDER	ASEXUAL
LESBIAN	QUESTIONING	AROMANTIC
GAY	QUEER	ALLY

LGBTQ+ Words

```
V T Z S P I R I T D J P J N O
J I L A V D A V T C G R O G F
R H O M O S E X U A L I T Y G
C Y E E L O M M V O T D S A V
M J V S G G G B E A K E P L V
V R A E K A A L R E P Q L B G
K C T X R Y U E V R V A X C O
U T V D A R B I O L W Y V F B
V C L D H I G D B E N B H F Y
R T K K L G N O N H E T E R O
Q A M Y L H K O J N M G A Y F
B M A O Z T T G T K Z L I Q L
N G P A N S E X U A L S P I V
V J W B C T X E V Y K V S H P
E G I Y A B H C A M N R H C T
```

PRIDE   GAYLIBERATION   SPIRIT

MONTH   HOMOSEXUALITY   DAY

STONEWALL   GAYRIGHTS   DRAG

PANSEXUAL   NONHETERO   SAMESEX

COUNTRIES WITH SAME-SEX MARRIAGE 1

U N I T E D S T A T E S H L H
T P L C Y A O P M W Q N N U D
X Z C V D V U N A E N U Y X A
R S S A L C T G X I X N B E A
W C N E Z U H P G K N I M M M
P A F U O S A Y L P H T C B D
C S B K O I F Q P A E E J O W
A O V P G E R M A N Y D R U L
Y X L F N O I K A B J K V R X
D A M O Q Q C Q X I U I R G P
R E A G M G A D Q O K N E W H
Z O K T P B H A J F N G T L A
A R G E N T I N A R S D F K Y
G W T J F B N A I E X O L U K
S G S N C F W I A T I M K D L

ARGENTINA
LUXEMBOURG
UNITEDSTATES
SOUTHAFRICA
UNITEDKINGDOM

COLOMBIA
GERMANY
CANADA
MEXICO
SPAIN

Countries With Same-Sex Marriage 2

A U S T R A L I A V P E P G N
G U Q Y S R X K I A X W B E J
W T M E H K X L P Z B I D D Q
U Y A F S Q W Q K C D E Z D E
G N O R W A Y E L O W G R W P
H P P J K W U F J S U E Q W J
N H Q O I J Z S R T E K N G I
I E E F R Q E H T A E T J M O
J E O P E T C I A R M B G B L
T G Q P L X U P I I I R U L O
N L B A A H A G W C B A G S A
S M A X N N D X A A Z Z X L V
K I S E D L O U N L O I C O O
H B M T E W R A M I X L N J Q
L O O L W T S Q Z E Z B F U H

ECUADOR TAIWAN

NORWAY BRAZIL

AUSTRIA SWEDEN

COSTARICA PORTUGAL

IRELAND AUSTRALIA

Countries With Same-Sex Marriage 3

```
T C U A F K E S H Z O B E A G
A H A F X C U F J G I X Q R I
W N C C N K R H D C J N Y W P
D X I A E B U N M A V R C F Z
Y Y R A W M G T X J N B W T X
M F M Q Z X U W E Q U C J I C
M A I C E L A N D Y G J E Q N
E L L X A C Y M I C F P Q Q O
B I N T L H D L P X I O D Q A
D E N M A R K H C P N P W O O
M N L E N E T H E R L A N D S
W O R G D I Z J E P A U O A D
N B U U I I N R M Q N N W D D
U N W M O U B D D K D L Z P V
L F S Z J B M A E P N U B F A
```

BELGIUM   MALTA

NEWZEALAND   FINLAND

DENMARK   NETHERLANDS

URUGUAY   ICELAND

FRANCE

LGBTQ+ Activists & Icons 1

```
I  G  H  M  K  E  X  R  I  V  E  R  A  G  B
I  G  V  E  W  P  J  H  U  S  D  U  L  R  E
L  G  K  G  J  G  D  I  S  Y  I  S  I  Z  N
V  O  V  P  W  D  Y  E  Z  L  T  I  C  I  S
P  M  X  L  H  Z  V  D  W  V  H  N  E  B  W
A  J  W  G  B  Y  T  X  W  I  N  D  S  O  R
J  Q  O  H  I  J  H  U  T  A  L  R  W  N  F
D  X  S  H  U  L  V  V  H  A  R  V  E  Y  I
W  O  C  Z  N  T  S  S  U  T  Q  B  Z  K  B
Z  R  K  D  K  S  R  O  D  N  G  K  L  A  A
V  S  C  D  O  A  O  L  P  D  X  O  M  B  F
I  P  P  Z  M  A  V  N  P  W  C  D  E  G  H
Q  X  S  I  C  I  M  C  B  Y  Y  Z  S  P  E
M  W  N  N  M  Q  L  F  V  Z  N  O  G  P  W
D  Y  R  O  W  W  V  K  R  K  P  L  Z  Z  D
```

MARSHA   PJOHNSON

SYLVIA   RIVERA

HARVEY   MILK

EDITH   WINDSOR

ALICE   NKOM

LGBTQ+ Activists & Icons 2

```
W P P R J P C B A Y A R D Y E
A Z C E K F J B Y H E U D C R
O H E R R D M A G N U S Y Y X
A D S L F X T R E J B T O P H
F Y G A G U S B T L F I H V L
K F B H U N L A S X Y N I Z F
D Y Y M Z D O R Z M F C R U C
O B G C F L R A I L K E S N R
E S H G E P D E F C M L C D O
K E G Z T H E S H G H D H B J
W D U F G I T T I N G S F I G
M N U S M U G E T V X Z E P I
Y A R C V G R D S X G N L D I
L C J J X F Z K A R L P D T S
R L S P N W K H N S K W M R J
```

KARL ULRICHS

BARBARA GITTINGS

MAGNUS HIRSCHFELD

AUDRE LORDE

BAYARD RUSTIN

LGBTQ+ Activists & Icons 3

```
Z D Z W Y O J O H N M H W I O
G A L A V E R N E A Y K T S E
V V C C A I E L K V I L K X O
S T C A Q B L E A R J A I U Q
P I H Q V E T P L A Z L T E I
W D Q S K N G I T T I N G S F
A X Y C T V N Y Y I O T S S V
M V M M H M K A W L X N U N S
U A Y C Z O U D M O K A I W V
H X R S W M U R C V R W Z W H
Q X S T A K T P V A S R I D A
Q V Y E I U G H B J Y A E K T
O O C C Q N T R X Q M C W T S
T V M D A D A Z T S F Q V N C
S P Y I S B X N P Q E B S Q B
```

IAN   MCKELLEN

MARTINA   NAVRATILOVA

BARBARA   GITTINGS

LAVERNE   COX

ELTON   JOHN

LGBTQ+ Activists & Icons 4

```
W  K  T  E  L  Z  Q  I  E  C  A  G  B  Q  I
T  P  K  V  S  J  R  C  G  U  T  Y  U  U  N
E  C  O  K  Z  Y  O  H  U  D  U  U  V  P  V
Y  F  C  U  V  J  A  R  M  A  N  K  T  E  D
V  C  R  D  C  J  R  I  G  N  Q  P  Z  G  Q
E  D  E  E  B  N  Q  S  H  E  C  W  E  Z  V
P  F  X  R  D  S  E  T  A  Y  N  N  B  Q  J
J  A  M  E  B  D  H  I  L  D  O  S  V  N  T
E  L  R  K  U  A  I  N  M  G  E  C  E  Q  U
I  Z  V  G  M  D  U  E  E  U  L  O  A  N  R
T  P  O  T  U  B  B  O  R  Z  R  S  Q  E  I
H  K  U  F  Y  D  G  U  C  U  L  A  L  A  N
K  H  K  N  T  Z  A  Y  U  M  R  S  Z  U  G
U  P  X  Y  Z  Z  G  F  R  Q  C  Z  P  I  Q
Y  C  I  P  W  L  A  D  Y  H  U  G  H  F  G
```

DEREK   JARMAN

ALAN   TURING

CHRISTINE   JORGENSEN

FREDDIE   MERCURY

LADY   GAGA

GENDER PRONOUNS

Y F E I I R H A D V L P O N E
K B Q D Q W G I N F D R R S I
U C H Q X D C Q E B A O U D D
V D B M U C Y J U S U N A M E
S W E S P S Z E Q Z N O X W N
F N K K N F Z Q J N A U D H T
A C O M B I N A T I O N S K I
B T I Z K N Y A Y J A S M C T
V D D I F F G H R N V P S E Y
X I J E P I R O D S H E H E R
G E N D E R T H E Y T H E M W
Q N X N I H N L A S I E H I R
N T Z E Z I R W U G K S I X C
T D J G M O R E N K R J M P R
U U S U O S G M V S W Z U F M

GENDER   HEHIM   SIEHIR

PRONOUNS   THEYTHEM   COMBINATIONS

IDENTITY   ZEZIR   NAME

SHEHER   XEXEM   MORE

Black History Words 1

```
V  B  D  A  H  E  L  O  W  G  H  W  Q  M  R
B  S  A  A  V  B  B  K  K  W  J  D  G  C  E
W  F  D  D  B  I  X  U  V  A  U  J  O  M  P
V  W  J  H  L  S  M  N  O  F  T  F  D  I  A
R  S  L  Q  G  Q  D  P  Y  R  I  R  Q  D  R
D  A  V  I  T  P  G  W  O  I  F  R  G  P  A
F  Y  N  A  A  M  E  R  I  C  A  N  P  Y  T
R  H  L  T  Y  O  H  Q  L  A  Y  A  T  Q  I
L  E  E  P  L  E  F  Q  U  N  D  E  G  G  O
E  R  F  L  O  Y  D  Q  K  A  W  H  S  N  N
N  N  W  O  R  B  R  U  T  A  L  I  T  Y  S
S  A  M  Y  R  L  P  R  S  S  F  I  U  J  E
E  M  D  B  R  M  D  C  E  Q  U  I  T  Y  H
B  E  M  Q  M  A  H  U  K  H  B  W  G  Y  P
Y  L  E  B  E  N  O  X  M  N  K  I  U  B  B
```

AFRICAN	EQUALITY	SAYHERNAME
AMERICAN	EQUITY	TAYLOR
POC	REPARATIONS	BRUTALITY
BLM	REFORM	FLOYD

Black History Words 2

```
F G H I S T O R Y G U L A A W
U T M O N T H K J S U Z M Z P
L I J R N K O I J Y F P E V D
G Y Z Q N L E F R B N F R A E
X L Z M S A A A L T B R I B P
N U V Z W Y U M D V E E C O R
W P V F S R N V E K S E A L F
J V T O B Y D M F N N D N I X
S V J E B U O G Q M D O D T A
U L F P I L J R O E Y M J I H
R T A M I R A I H F R T E O T
G W V V K W S C P X V N V N G
Z C I B E R J Y K Q B M F J T
A C U U M R B G N C O X M W G
G F K W S L Y S R D D S Q K Z
```

BLACK	THIRTEENTH	AMERICAN
HISTORY	AMENDMENT	CIVIL
MONTH	ABOLITION	WAR
FEBRUARY	SLAVERY	FREEDOM

POLITICAL & CIVIL RIGHTS ACTIVISTS 1

```
V  R  K  P  K  W  G  P  K  Y  L  C  N  T  I
J  E  O  T  G  Y  S  C  M  N  M  W  Z  A  A
H  L  U  T  H  E  R  K  I  N  G  J  R  O  C
X  O  B  G  A  H  H  T  L  O  P  E  O  H  Q
W  V  R  T  U  L  R  A  D  T  B  K  D  H  J
W  I  R  O  S  A  P  A  R  K  S  G  F  Z  N
C  N  O  Y  M  T  L  W  E  R  F  H  V  V  O
B  G  H  S  A  A  V  P  D  K  I  L  M  P  C
A  J  S  L  L  G  Z  Q  D  E  G  E  Q  W  G
Y  S  Q  W  C  T  L  L  O  V  X  W  T  F  J
L  I  J  H  O  U  L  U  P  X  B  I  F  F  H
E  W  P  E  L  R  P  X  F  B  U  S  H  F  S
R  T  U  B  M  A  N  B  E  N  F  L  M  B  U
R  G  W  J  X  V  W  G  I  W  N  K  O  O  O
V  K  E  I  I  E  K  N  C  C  B  T  S  L  K
```

ROSA   PARKS

MARTIN   LUTHERKINGJR

HARRIET   TUBMAN

JOHN   LEWIS

MILDRED   LOVING

MALCOLMX

Political & Civil Rights Activists 2

```
A  T  X  C  H  F  N  G  O  S  B  H  G  N  J
F  K  H  O  W  P  O  F  K  C  X  W  Y  K  B
G  V  K  R  O  D  W  W  R  O  W  A  C  K  S
J  P  Y  E  S  P  U  E  E  T  S  X  D  D  U
W  C  R  T  J  J  J  B  I  T  M  C  X  Z  W
D  H  L  T  F  K  E  M  O  K  K  P  Q  I  D
Z  O  N  A  O  Z  P  M  U  I  T  E  A  G  Y
L  Z  S  E  R  N  H  N  N  N  S  Z  M  T  M
L  Q  I  L  M  A  R  H  I  G  M  U  R  W  C
W  J  J  T  A  W  S  J  T  L  Y  Q  F  W  K
L  I  W  A  N  G  E  L  O  U  H  D  U  D  N
V  A  N  Z  M  A  Y  A  E  P  J  C  W  S  T
D  T  D  P  H  E  E  O  R  E  V  Q  T  V  W
G  T  X  Z  I  L  S  A  J  R  Z  O  I  H  W
V  U  R  I  G  X  F  W  B  D  H  V  A  S  T
```

CORETTA   SCOTTKING

WEB   DUBOIS

JAMES   FORMAN

CLARA   LUPER

MAYA   ANGELOU

African-American Literature

X T H E C O L O R P U R P L E
A X L Y Z P Q N R R P M W P P
T H E F I R E N E X T T I M E
Y I N V I S I B L E M A N F L
J I S Q C V K E M G R O O T S
F L H D C V U L U I R O Q O P
S O N G O F S O L O M O N O L
B A B E L S E V E N T E E N A
R D E I K V X E S U T Z D N Y
N C A T I F K D A V Q N T J A
E F N P N T R O N X A I R W N
C A G E D B I R D S I N G S T
S F N I R G Y P M M G I T Q H
Z V B C E D O P E F I E N D E
H T A A D V H Y N Y U F D D M

SONGOFSOLOMON   KINDRED   THECOLORPURPLE

INVISIBLEMAN   BELOVED   BABELSEVENTEEN

SPLAYANTHEM   DOPEFIEND   CAGEDBIRDSINGS

MULESANDMEN   ROOTS   THEFIRENEXTTIME

INSPIRATIONAL PEOPLE & ICONS 1

```
E M M C L Y R C F A N K D C B
M A R Y Q Q M Y V Q U A B K T
R Z T J S C G Y H D T N H D J
H Z V O B A M A P U U G B H E
H F A N N Y H I A H T U V M K
S S H R T N Y H M V I Z H C J
J P N R Z G H E R J V L B E L
T G E N H H D P M K B Q L F I
V N U F I S A D I E W O E I X
Z K G C W G D N C A C X V S S
C E A H I R A Z H A U Z N X L
R K T J M B A L E X A N D E R
Y W N U V Y K S L L B Z B J D
U M F R M N W Q L W F D A X J
Q F W K E O W H E A T L E Y W
```

PHILLIS   WHEATLEY

MARY   SEACOLE

FANNY   EATON

SADIE   ALEXANDER

MICHELLE   OBAMA

INSPIRATIONAL PEOPLE & ICONS 2

F T M E I D J X H R Z T O V H
R T D N J F A D B R Y A N T S
F I U A T A B E O L L R Y X R
I V G R W S D X S V Q T Q Y G
J B I U N H R S E S O H C P Q
B K O B E E T A M G V U H J H
T W F Y B W R I A C W R N L L
H K M K J N U Y N H Z Z L K L
S X V I B H U Z A A V O N X T
S F N E V F H L E D Q E G N G
I W I Y X H D I F W N V F Q L
G O Y X M U B B R I D G E S T
M U Q F E G S F D C U U N R E
N P P P Q K Z Z I K P O V F Q
S H U T F P K N I S D W P A K

KOBE   BRYANT

RUBY   BRIDGES

ARTHUR   ASHE

CHADWICK   BOSEMAN

TINA   TURNER

INSPIRATIONAL PEOPLE & ICONS 3

C P R Y S W V H K U D X P H C
O Z Q S L C F W G Z O G Z A D
D F R Y R Y U I I G U T D N Z
V C R N D W S N N L G H O K C
N X F E D F Y F P R L R W V X
D I R V D P E R W P A I L Z R
W Y O E S E R E N A S N A E H
F N S S D M R Y F X S O S M T
I D J X G W M I K R O R V X S
V D V B O B G O C B K K K Q I
E K E A B F Q P K E V D W H
Y O P R A H S S R C N S O S V
W A Q A M E R A R J X T T P C
L H F C A B X B R C S G O C O
V K H K X R C P J O D P L A P

SERENA   WILLIAMS

BARACK   OBAMA

FREDERICK   DOUGLASS

HANK   AARON

OPRAH   WINFREY

SOCIAL JUSTICE ISSUES

CLIMATE

JUSTICE

HUNGER

FOOD

INSECURITY

REFUGEE

CRISIS

HEALTHCARE

GUN

VIOLENCE

ENVIRONMENT 1

```
T R X P T X U N W O C J X I M
I E P B I O D I V E R S I T Y
I S C I R S J X I E A R T H I
A P J O V U W Q G N E T K W S
K O V D C S C F Z V I P H T T
K N R E C T C C L I M A T E H
A S Z G E A K H L R U N Y M R
F I K R W I G A X O A D G P J
S B M A F N X N R N F M C E C
I L T D D A Y G R M Y G O R V
R E C A U B Z E C E E M P A R
F Z B B H L L N A N Z Q X T J
J U R L H E I L U T U H T U Y
A J F E C O S Y S T E M M R E
P S J A L B O R E C Y C L E H
```

ENVIRONMENT   RESPONSIBLE   BIODIVERSITY
CLIMATE   SUSTAINABLE   ECOSYSTEM
CHANGE   BIODEGRADABLE   EARTH
WEATHER   RECYCLE   TEMPERATURE

ENVIRONMENT 2

```
I  C  E  C  A  P  S  X  D  Y  B  X  E  T  D
P  O  L  L  U  T  I  O  N  N  O  G  E  W  O
F  O  H  B  A  H  Y  Q  L  P  S  R  Z  G  R
M  L  K  Z  U  Q  X  W  N  I  X  E  M  O  U
I  I  O  U  P  O  G  E  T  B  E  E  I  F  S
M  N  H  O  G  B  W  A  R  M  I  N  G  X  B
E  G  D  R  D  K  K  U  S  T  J  H  X  Q  I
I  G  K  O  M  S  N  P  V  S  W  O  B  N  G
F  M  D  F  H  H  I  R  C  V  E  U  Q  G  S
J  X  K  R  A  I  N  F  O  R  E  S  T  X  A
W  E  H  C  F  U  T  U  R  E  S  E  W  C  U
D  A  U  Q  F  B  A  R  A  X  N  L  X  H  O
M  B  O  Z  N  S  Z  R  L  A  F  O  C  S  V
Z  W  F  E  N  Q  A  K  L  D  H  R  E  E  F
O  A  P  O  F  B  L  P  L  N  Q  L  K  D  T
```

FLOODS	FUTURE	RAINFOREST
ICECAPS	PLANET	POLLUTION
WARMING	CORAL	GREENHOUSE
COOLING	REEF	GASSES

Veganism

```
T S A B S T A I N G Z V P J M
L B N F N Q H B W D R C D T I
H Q I H Z T E M Y G T T T G F
S O M D A K O F Y W B S C S A
F A A Y S V V F C P L K P R V
V R L E A N E U R L L T W A V
V D U T P O B G U A S F D I T
F E E I H Q L L E N H X I B X
R I G H T S N E L T E V U C X
D I F E G N R S T B A E K I V
B X W L T F K Q Y A L R D A H
C W M O T A E S F S T O I P L
V E G A N K B W R E H I F A A
B S E G W M R L E D K E I X N
L M P O O M X L E U N N S G K
```

VEGAN	ABSTAIN	VEGETABLE
VEGETARIAN	HEALTH	CRUELTYFREE
ANIMAL	FRUIT	PLANTBASED
RIGHTS	MEATFREE	DIET

Refugee Crisis

J S E B U D Q S X L Z M X R Y
V V U E A R P B H L W J M F D
P B Q R S H G W R L T U N N G
K U B N V A Q O X W L V S R E
R X C S E I K X N Y C V U G F
Q U H J B R V M S S A F E T Y
K E D I S P L A C E D H F Y V
S Q F T G C Y A L E D P Y O S
O C Q T I Z O G G K V A T Q M
T B E T M D A N G E R Q X U J
S G H J O W F B T R A V S R M
O W Q W I Z R Z A R R W P G M
W W J C I R Y W F B O R D E R
J J M Z K J A U A Y X L V H M
I C Q P E R S E C U T I O N I

BORDER   ASYLUM
CONTROL   SEEKER
DANGER   DISPLACED
SAFETY   PERSECUTION
WAR   SURVIVAL

Marginalized Groups

```
W G R E L I G I O U S G M Z A
O D I S A B I L I T Y E E I Y
A D D I C T I O N R Z E N N L
F E R C G H T A V U P W T C N
Z H L Q R M R R N I Z W A A S
P E H G G G P W A U E O L R C
Q S O C I O E C O N O M I C M
L J M M S Q V A Q E H K L E T
A R E F U G E E S M S D L R N
H E L H R D F H Z P N C N A B
M F E X O R Z X Q L Y E E T H
T B S S I J P H W O E N S E D
B P S V X X Y L F Y M W S D Q
P I U S S S U C C E E J Z L G
Y U W S R R Y N I D E I T U C
```

REFUGEES   MIGRANTS

MENTALILLNESS   HOMELESS

DISABILITY   ADDICTION

SOCIOECONOMIC   UNEMPLOYED

RELIGIOUS   INCARCERATED

Allies

L N O A S I A N H E I G L B O
M A P I F M L O I J U G O B H
Y T T B B H L K S G L P M C A
D I F I W C M L P U Y G I A W
F V E P N H I Z A Y O S D L A
P E V O S A N O N K G E D A I
K A V C U S O D I L V E L S I
J M U L T I R A C I A L E K A
Y E W A Q J I X I Q N W E A N
K R W T O I T E P Z P C A N N
J I I I N D I G E N O U S A A
S C O N S N E X F V Y V T T T
A A I O S H S R M K B G E I I
K N I O R J Y I V E V Y R V V
Z U W E Q T C D P K Z K N E E

BIPOC   NATIVEAMERICAN   ASIAN
LATINO   HAWAIIANNATIVE   JEWISH
LATINA   ALASKANATIVE   INDIGENOUS
HISPANIC   MIDDLEEASTERN   MULTIRACIAL
               ALLMINORITIES

SOLUTIONS 1

```
A E E O D U C B R C H A N G E
C O O P E R A T I O N C O T A
Q M J H K A C N A N Q E L R C
E U D Q G V C H D V H U K U X
I V L G U R V J A E A Z G V R
Y K I P P J A S X R A P H Y B
I N F O R M V S R S I X J S Y
M O N D E B A T E A S T R O K
K W U V S S E U X T U P Y X T
N L X T S R X W S I O M E Y Y
E E E D U C A T I O N L R H H
J D D G R R P L A N N I N G A
Z G Q X E B I L N B H G U X J
M E Y H P R Z D B F M W R H N
M P K L R C N X D U W O H B L
```

CHANGE   PRESSURE

CHARITY   PLANNING

EDUCATION   KNOWLEDGE

CONVERSATION   INFORM

DEBATE   COOPERATION

SOLUTIONS 2

```
O U O L R B L E J R E A S O N
B Z R P B M P S O E Q P K X G
C O N V I N C E M S G J I L Z
J M A E P H M S R I H C R J K
S R P L P K I V U S A T L P K
R Y C X G V I O E T U C F R C
B E U N I T E S J W J A J O C
T K F T B E G X S I V R D T Z
M R C O M P A S S I O N Z E Q
A A Q F R E F U S E A N J S F
Z N M G E M Q Q X M C S B T L
R H I K F S F F E Y M X E Q O
D L R T R W A D E F Y X T W O
X B G C L T Y Y A A R H Q K N
R E S P O N S I B I L I T Y H
```

REFORM   RESPONSIBILITY   PROTEST

ACTIVISM   COMPASSION   DEMAND

CONVINCE   PERSUADE   DEFY

REFUSE   RESIST   REASON

UNITE

"

Puzzle Solutions

1

```
U T O Q F W V A K V E Y Y T Q
G R F A I R N E S S T Y Z W X
X T E N N U E E B G M G M D F
L L M M S K D K J F I O E N P
I F I B P Q D U M A D I Q X M
V V N D I V E R S E C K U R R
Z E I J R D X U E T H E A U M
H Q S O A Q E R Q O K D L S O
F P T D T O F O X M A G I V V
H O P Q I H T S L R R N T F E
E E S W O M E N O O I L Y U M
L J N W N M S G H M G L S X E
V O C C A R I R E Y H Y M S N
P D Z W L W Y F L K T G K R T
D J D N Z I N C L U S I V E E
```

2

```
U D M X K U X M S U O S I E Z
L J W T C H O I C E C I L H B
P K S H O X I Q Y M W R F E L
P E N N N E S U A Y B E C A K
H D Q T T N Y V K P J B M L W
M U R U R I G H T T O V O T E
M C A E A B O R T I O N V H Q
B A V B C L W R Y P N W E V U
I T O J E N W L D R O G M P A
X I P O P D A A S O R Y E L L
C O W J T S A V G P T S N R I
Q N Y C I A H L L E T T W T
R P H A O B Y Y F R I E F C Y
P K P X N V K A L T O C C D E
U M W R X M S A N Y Z D L H W
```

3

```
I F W W Z U S I U J S P J Y V
Q I A L W Q X L U R Y N O O
E N F R A N C H I S E M E N T
Z Y I H S D I F B D M U V P E
M G H C D T N D Z W S N D X Z
V A I W A V E M R I G H T S L
P P Z M V H Q Z A V K A Q U D
O D O D B V U F T W O O T F V
Y F O U N D A T I O N C Z F L
C Z M H V T L S O R X F V R D
R Y I G T Y I C N L S Y A A I
W U E D X X T V U D B J V G W
X W X T V K I W G J H Y E E G
G I N D E P E N D E N C E H A
W V K B K T S D S C R V V B K
```

4

```
C F D S E X P O S I T I V E D
K D X T Y A X C C H Q N K T Y
C G G R N A S H E L T E R S G
R O S V Q E Z I S R I G H S X
H B N C W S M L V I M I R V N
E D E T O K M D O R W R O F X
L Q D S R I G C O P A Z A H G
T A U J K A U A M M V M B X D
N F C A P S C R L R E T O J A
Z D A A L P F E C A R S R O S
N Z T C A I I U P L W W T V B
G O I Q C M T S R T Y S I O P
K D O M E V O Y E C I S O I C
D O N J B D C M S E C O N D Q
H M Q O J C I W Q N U J N N K
```

5

```
L A G K G S J Q Z J X G A Z N
V T X D M T J W V G O J Z E V
W B I T Q R T V Y P V Z J L H
M L Q V C U I W Y Y M I A A T
Z E P U S C A O H E V I D I P
N J F S W T E M B E C C B K K
Q T G Q G U W E K O T H Z Q O
G D W J T R A N S G E N D E R
V R F U M E J O D B H S D M E
H G W S R S Y F U E E Z T R X
Y T P T H O T C Q M R T H G M
X T H I R D P O A E H P L W O
M A U C C M K L W A G E G A P
I S U E C O N O M I C B Z V X
B Z H N Q N P R T T Z N T E I
```

6

```
H R C S O D E P L A T F O R M
L M D O F O U R T H W A V E H
Q M C A P P Z E X O U Q G G M
X W O N L I N E I J D Q M G F
Y W Y V B R P R E S S U R E F
T I N T E R N A T I O N A L B
A C R T L W T J B B C O M L T
C A N K Q V S D D A I Y V J H
D I D B R H A S H T A G S U Y
R U T O Q E P B A D L Y H B B
A U L Y V W N F G N M Q Y A E
W B O C P G K H Q U E Q A M V
V E C O N O M I C P D U P E W
Z I N T E R S E C T I O N A L
U N I T Y X U P W H A H D P S
```

7

```
T O S H A A O J M C Y Z F E J
E A I T N W M J N Y Y P S C C
Y Y A G S S B M E N T O R C C
U A L H Q U G D X I O L H Y A
P C T H E R A P I S T I T F J
O H E F E G R J A B H T L H N
D P R O F E S S O R Y I S N C
G C F H Y O I F F F T C F Q Q
J L E W B N I E V W W I D U X
X L A Z D W J S Z Z R A S Q B
F L R Y J A N Y T H I N G T M
X D I B Z O T D O C T O R R W
G E N T R E P R E N E U R F E
Y C V K H J E T I E R J W M G
R A I F M D Z S Y S U T X J S
```

8

```
S O H E R S T O R Y B G Y I H
F W E C V B H F Z O U L H B J
M W T Z D Q O H R K W T S D M
E O E S J X U D P Q N Q A X M
M R L O U W K Y E N E F N R
A A O U E Y S C S S R H H X G
T N N T T R A N S P H O B I A
K I O S L Y O G S R X A K M S
J S R H P C Y N M I J L M J L
X M M A E L A N V N O P E I
P Q A M L M A U A I K S U U G
B C T E P W W I G L F Y F R H
J K I A P T D G N E Q G U E T
H U V T H M I S O G Y N O I R
E U E A E G M S R E O W J T O
```

9

```
G E N D E R R O L E S X A L K
Y F E T I S H I Z A T I O N V
H N F Z K A X T R A L J J T F
S B K L P T S U L D R P D F U
P V X R B R O P R I A T I O N
L O U F E D O X O X A L Y Y Y
E R B T S S N W P R A V R E B
O B J E C T I F I C A T I O N
V J O K H S Y S C E O O X V Y
Z O M M N P I V T G N Z A O J
M H E S S E N T I A L I S M S
F X P J S J U B B I N A R Y A
G E N D E R F L U I D C M Q H
M P E R F O R M A T I V E W T
Q T E X O T I C I Z A T I O N
```

10

```
X C P B I L L I O N A I R E S
O U I U U H D U I E N H U N O
X R F G P G O O H T C M Q N U
G S M I S O G Y N I S T S X Q
X T W O B P E R I A N U A W
M E Y K N N M P L P T H P U U
D N I V A N Z A N R G Z R B L
W O R E R U T X Z S N H E R R
F P Q E T I P E K U C Y M R X
K H V D P W V N L A N B A C I
H O B A W P A T R I A R C H Y
G B C B C B A L T M E D I A S
I E T R P F Z C D Y R C S L U
T S P H T O A R A C I S T S T
V I I H O M O P H O B E S W M
```

11

```
F T R A N S P H O B I A Z N K
H A D P L P J R Q H H I O O O
D A L U Q V O C I P L I V B M
I C U B N H K G E B V T T E L Z
I C S L N R F N C U I O W M E
D R L E E E C O C O R L Q X U
V E E C X I C E U U N W E A J
C L A S S I S M W B H O V G K
S I L M N R S M I W W B M E E
X G Z O E H O M O P H O B I A
I I M P J I F W O K V J Q S C
P U F Z S W I E S O L U T I M S
U U F J T T T P B J U A T Y F
N S I N S T I T U T I O N A L
U I K N D A N W Z A B Q G O P
```

12

```
R Y G Z R M R S R P X D N I W
D Z K G C A D D I B E K V C E
W B Y X Q E H D D L F X F M C
V L T P N J P E I M E V I A R
J O H B V R P C U V N E S O
I U V O L U M E U N Y G C R X
D P X C F D G I L O J L I E S
F A B R I C A T E O O U U P J
H V F S K P E C P J P P D R J
Y H C Y B O R V D S I G L E P
E K B M D E N I A L L D B S Z
B U G N O P V O Q S I U A E H
Y V F C U Z L L M Z I R C N A
B J P N B Z O C X L N O D T I
D D I S T R A C T I O N N A P
```

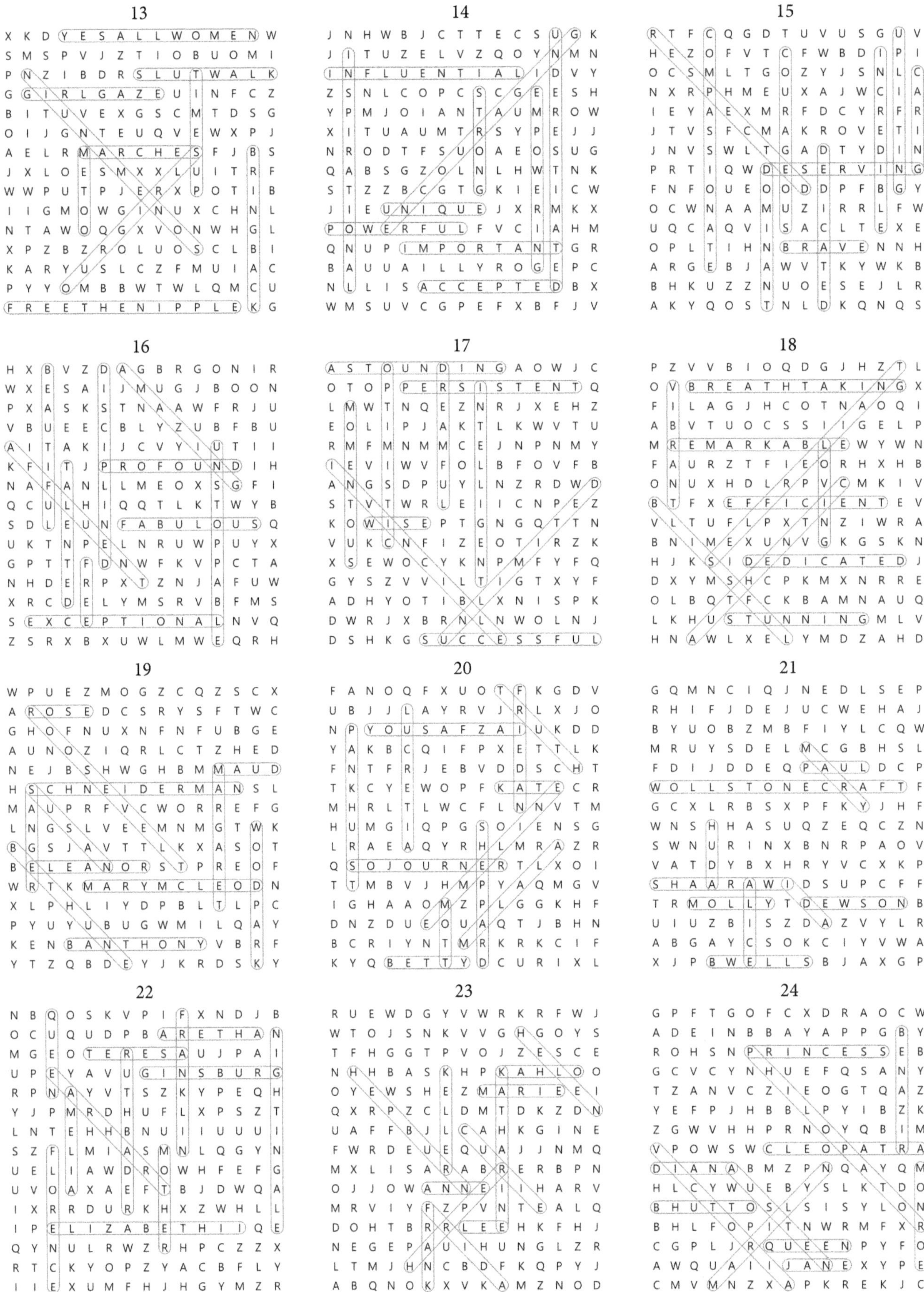

13
14
15
16
17
18
19
20
21
22
23
24

25

```
S K Q U D U F B C G P L A P M
R T E J O C H A M B E R E V X
C N B A A M W O M E N L W X N
J M Y S T I Q U E L N N M P C
G C R D L U N T E L V Y X Z V
Q L J X N N G S C J U F O F R
K S Y R C Y F I D A C D L E M
R L H Z X E C D P R O L A M G
B A P Z Y T H E I U A M X I D
M B S I S T E R C P R M S N Z
S W T C O L O R N A W P F I B
F H F P T D A F J L W R L N M
Y G V T C Q N J F K F K K E M
C V I P H T B D K Y S B V W U
B L O O D Y C G S R S V G A L
```

26

```
V N U X W F E V U E A C Q R M
B G M S H A N D M A I D S P D
L O O I N I F X U U F E S Q E
W O N L X M E B L X V G P P W
J Z O Y D K M V W M F J W S M
A M L Z B E I K Z Q B O V F B
T A O Z H U N B O S S E D R H
F Y G T Q N I Y Y V E E K J H
G K U V Z B S W L L C P X L V
K G E Y N O T H O U O B X R V
X F S N B U V A G I N A R T T
J N B G A G P I L V D D D Z F
F H O K V H N O T E B O O K V
W Y A F I T K D Y S O K A W U
I C S C B K P K R P S E O O R
```

27

```
D F H Z H P T O U A L L Y Q P
G A Y Y P Z Z A T R T T P N G
V S M F Y L C Q X O V F L Z B
A E A S G Y X N S M X L E V P
N X R P Y A A Q A A P X J V T
Q U E S T I O N I N G I D R Y
W A V K B M B I N T E R S E X
Q L X S Y Z I B M I V R U I J
H Q E S J J S Y K C B Z U O L
J L U E R F E Y X U F U B Q U
I L G E Z P X S P W N V I U P
P Z N B E K U Z F G W X B V B
G T H U T R A N S G E N D E R
C O A M A Q L G T N A K I S L
C H T D P P S R O Y O Z X E O
```

28

```
V T Z S P I R I T D J P J N O
J I L A V D A V T C G R O G F
R H O M O S E X U A L I T Y G
C Y E E L O M M V O T D S A V
M J V S G G G B E A K E P L V
V R A E K A A L R E P Q L B G
K C T X R Y U E V R V A X C O
U T V D A R B I O L W Y V F B
V C L D H I G D B E N B H F Y
R T K K L G N O N H E T E R O
Q A M Y L H K O J N M G A Y F
B M A O Z T T G T K Z L I Q L
N G P A N S E X U A L S P I V
V J W B C T X E V Y K V S H P
E G I Y A B H C A M N R H C T
```

29

```
U N I T E D S T A T E S H L H
T P L C Y A O P M W Q N N U D
X Z C V D V U N A E N U Y X A
R S S A L C T G X I X N B E A
W C N E Z U H P G K N I M M M
P A F U O S A Y L P H T C B D
C S B K O I F Q P A E E J O W
A O V P G E R M A N Y D R U L
Y X L F N O I K A B J K V R X
D A M O Q Q C Q X I U I R G P
R E A G M G A D Q O K N E W H
Z O K T P B H A J F N G T L A
A R G E N T I N A R S D F K Y
G W T J F B N A I E X O L U K
S G S N C F W I A T I M K D L
```

30

```
A U S T R A L I A V P E P G N
G U Q Y S R X K I A X W B E J
W T M E H K X L P Z B I D D Q
U Y A F S Q W Q K C D E Z D E
G N O R W A Y E L O W G R W P
H P P J K W U F J S U E Q W J
N H Q O I J Z S R T E K N G I
I E E F R Q E H T A E T J M O
J E O P E T C I A R M B G B L
T G Q P L X U P I I R U L O
N L B A A H A G W C B A G S A
S M A X N D X A A Z Z X L V
K I S E D L O U N L O I C O O
H B M T E W R A M I X L N J Q
L O O L W T S Q Z E Z B F U H
```

31

```
T C U A F K E S H Z O B E A G
A H A F X C U F J G I X Q R I
W N C C N K R H D C J N Y W P
D X I A E B U N M A V R C F Z
Y Y R A W M G T X J N B W T X
M F M Q Z X U W E Q U C J I C
M A I C E L A N D Y G J E Q N
E L L X A C Y M I C F P Q Q O
B I N T L H D L P X I O D Q A
D E N M A R K H C P N P W O O
M N L E N E T H E R L A N D S
W O R G D I Z J E P A U O A D
N B U U I N R M Q N N W D D
U N W M O U B D D K D L Z P V
L F S Z J B M A E P N U B F A
```

32

```
I G H M K E X R I V E R A G B
I G V E W P J H U S D U L R E
L G K G J G D I S Y I S I Z N
V O V P W D Y E Z L T I C I S
P M X L H Z V D W V H N E B W
A J W G B Y T X W I N D S O R
J Q O H I J H U T A L R W N F
D X S H U L V V H A R V E Y I
W O C Z N T S S U T Q B Z K B
Z R K D K S R O D N G K L A A
V S C D O A O L P D X O M B F
I P P Z M A V N P W C D E G H
Q X S I C I M C B Y Y Z S P E
M W N N M Q L F V Z N O G P W
D Y R O W V W K R K P L Z Z D
```

33

```
W P P R J P C B A Y A R D Y E
A Z C E K F J B Y H E U D C R
O H E R R D M A G N U S Y Y X
A D S L F X T R E J B T O P H
F Y G A G U S B T L F I H V L
K F B H U N L A S X Y N I Z F
D Y Y M Z D O R Z M F C R U C
O B G C F L R A I L K E S N R
E S H G E P D E F C M L C D O
K E G Z T H E S H G H D H B J
W D U F G I T T I N G S F I G
M N U S M U G E T V X Z E P I
Y A R C V G R D S X G N L D I
L C J J X F Z K A R L P D T S
R L S P N W K H N S K W M R J
```

34

```
Z D Z W Y O J O H N M H W I O
G A L A V E R N E A Y K T S E
V V C C A I E L K V I L K X O
S T C A Q B L E A R J A I U Q
P I H Q V E T P L A Z L T E I
W D Q S K N G I T T I N G S F
A X Y C T V N Y Y I O T S S U
M V H H M K A W L X N U N S
U A Y C Z O U D M O K A I W V
H X R S W M U R C V R W Z W H
Q X S T A K T P V A S R I D A
Q V Y E I U G H B J Y A E K T
O O C C Q N T R X Q M C W T S
T V M D A D A Z T S F Q V N C
S P Y I S B X N P Q E B S Q B
```

35

```
W K T E L Z Q I E C A G B Q I
T P K V S J R C G U T Y U U N
E C O K Z Y O H U D U U V P V
Y F C U V J A R M A N K T E D
V C R D C J R I G N Q P Z G Q
E D E E B N Q S H E C W E Z V
P F X R D S E T A Y N N B Q J
J A M E B D H I L D O S V N T
E L R K U A I N M G E C E Q U
I Z V G M D U E E U L O A N R
T P O T U B B O R Z R S Q E I
H K U F Y D G U C U L A N
K H K N T Z A Y U M R S Z U G
U P X Y Z Z G F R Q C Z P I Q
Y C I P W L A D Y H U G H F G
```

36

```
Y F E I I R H A D V L P O N E
K B Q D Q W G I N F D R R S I
U C H Q X D C Q E B A O U D D
V D B M U C Y J U S U N A M E
S W E S P S Z E Q Z X W N
F N K K N F Z Q J N A U D H T
A C O M B I N A T I O N S K I
B T I Z K N Y A Y J A S M C T
V D D I F F G H R N V P S E Y
X I J E P I R O D S H E H E R
G E N D E R T H E Y T H E M W
Q N X N I H N L A S I E H I R
N T Z E Z I R W U G K S I X C
T D J G M O R E N K R J M P R
U U S U O S G M V S W Z U F M
```

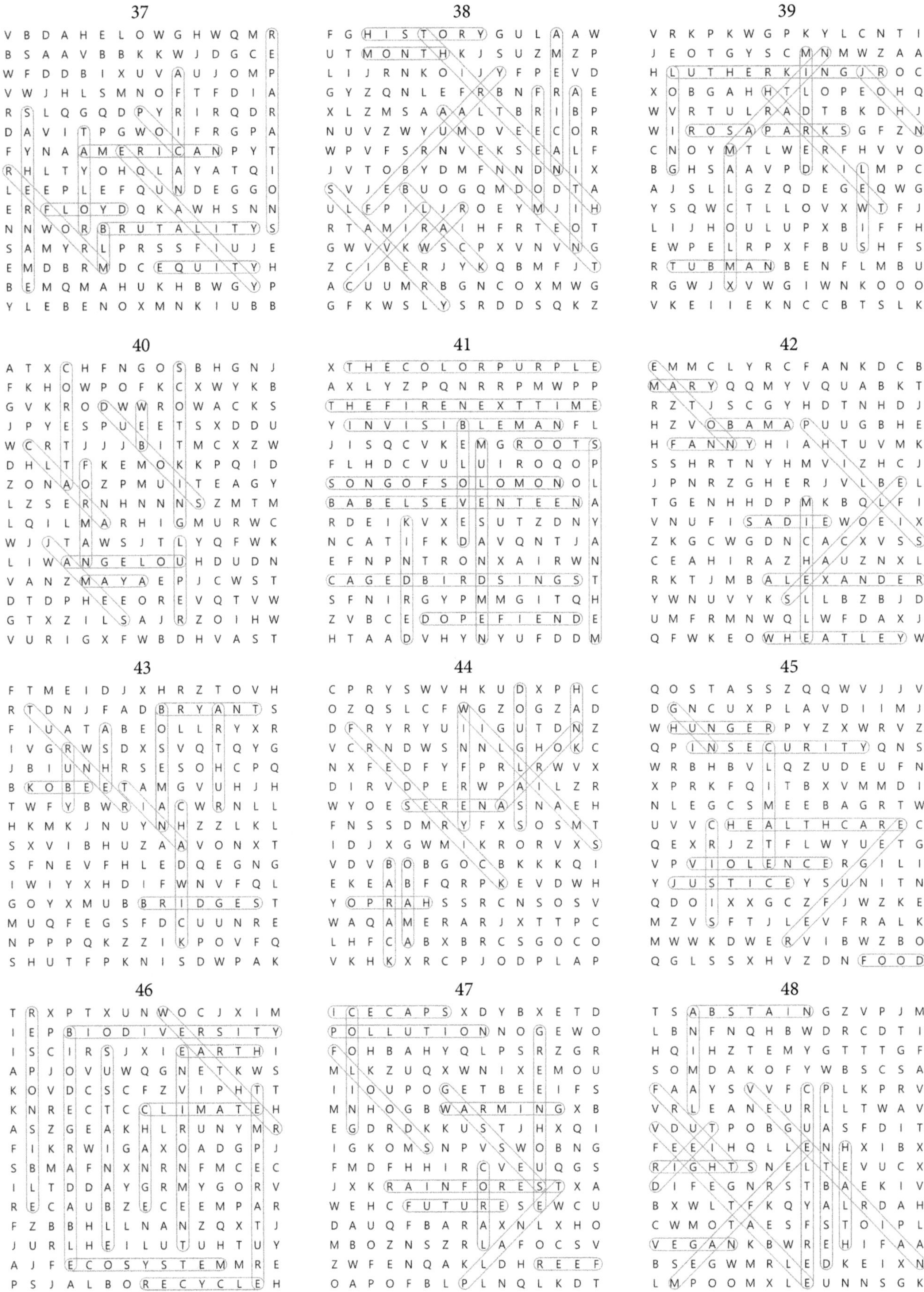

37 38 39
40 41 42
43 44 45
46 47 48

49

```
J S E B U D Q S X L Z M X R Y
V V U E A R P B H L W J M F D
P B Q R S H G W R L T U N N G
K U B N V A Q O X W L V S R E
R X C S E I K X N Y C V U G F
Q U H J B R V M S S A F E T Y
K E D I S P L A C E D H F Y V
S Q F T G C Y A L E D P Y O S
O C Q T I Z O G G K V A T Q M
T B E T M D A N G E R Q X U J
S G H J O W F B T R A V S R M
O W Q W I Z R Z A R R W P G M
W W J C I R Y W F B O R D E R
J J M Z K J A U A Y X L V H M
I C Q P E R S E C U T I O N I
```

50

```
W G R E L I G I O U S G M Z A
O D I S A B I L I T Y E E I Y
A D D I C T I O N R Z E N N L
F E R C G H T A V U P W T C N
Z H L Q R M R R N I Z W A A S
P E H G G G P W A U E O L R C
Q S O C I O E C O N O M I C M
L J M M S Q V A Q E H K L E T
A R E F U G E E S M S D L R B
H E L H R D F H Z P N C N A B
M F E X O R Z X Q L Y E E T H
T B S S I J P H W O E N S E D
B P S V X X Y L F Y M W S D Q
P I U S S S U C C E E J Z L G
Y U W S R R Y N I D E I T U C
```

51

```
L N O A S I A N H E I G L B O
M A P I F M L O I J U G O B H
Y T B B H L K S G L P M C A
D I F I W C M L P U Y G I A W
F V E P N H I Z A Y O S D L A
P E V O S A N O N K G E D A I
K A V C U S O D I L V E L S I
J M U L T I R A C I A L E K A
Y E W A Q J I X I Q N W E A N
K R W T O I T E P Z P C A N N
J I I I N D I G E N O U S A A
S C O N S N E X F V Y V T T T
A A I O S H S R M K B G E I I
K N I O R J Y I V E V Y R V V
Z U W E Q T C D P K Z K N E E
```

52

```
A E E O D U C B R C H A N G E
C O O P E R A T I O N C O T A
Q M J H K A C N A N Q E L R C
E U D Q G V C H D V H U K U X
I V L G U R V J A E A Z G V R
Y K I P P J A S X R A P H Y B
I N F O R M V S R S I X J S Y
M O N D E B A T E A S T R O K
K W U V S S E U X T U P Y X T
N L X T S R X W S I O M E Y Y
E E E D U C A T I O N L R H H
J D D G R R P L A N N I N G A
Z G Q X E B I L N B H G U X J
M E Y H P R Z D B F M W R H N
M P K L R C N X D U W O H B L
```

53

```
O U O L R B L E J R E A S O N
B Z R P B M P S O E Q P K X G
C O N V I N C E M S G J I L Z
J M A E P H M S R I H C R J K
S R P L P K I V U S A T L P K
R Y C X G V I O E T U C F R C
B E U N I T E S J W J A J O C
T K F T B E G X S I V R D T Z
M R C O M P A S S I O N Z E Q
A A Q F R E F U S E A N J S F
Z N M G E M Q Q X M C S B T L
R H I K F S F F E Y M X E Q O
D L R T R W A D E F Y X T W O
X B G C L T Y Y A A R H Q K N
R E S P O N S I B I L I T Y H
```